T0112741

¿Quién fue Martin Luther King, Jr.?

Martin Luther King Jr.

¿Quién fue Martin Luther King, Jr.?

Bonnie Bader

ilustraciones de Elizabeth Wolf

traducción de Santiago Ochoa

Penguin Workshop

Para Sophie y Tony—EW

PENGUIN WORKSHOP
Un sello editorial de Penguin Random House LLC, Nueva York

Publicado por primera vez en los Estados Unidos de América por Penguin Workshop,
un sello editorial de Penguin Random House LLC, Nueva York, 2007

Edición en español publicada por Penguin Workshop,
un sello editorial de Penguin Random House LLC, Nueva York, 2012

Traducción al español de Santiago Ochoa

Visítanos en línea: www.penguinrandomhouse.com.

Los datos de Catalogación en Publicación de la Biblioteca del Congreso están disponibles.

Impreso en los Estados Unidos de América

ISBN 9780448458557

20 19 18 17 16 15 14 13 12

Contenido

¿Quién fue
Martin Luther King Jr.?

Crecer en el Sur no fue fácil para Martin Luther King Jr. Él nació en 1929, cuando las personas negras eran tratadas de un modo muy diferente a las personas blancas. Un día, su padre lo llevó a comprarle un par de zapatos. La tienda estaba vacía. Pero el empleado blanco les dijo que tendrían que esperar en la parte trasera de la tienda.

El padre de Martin se enojó mucho. ¿Por qué tenían que sentarse atrás? Si no podía comprarle los zapatos a su hijo en la parte delantera de la tienda, entonces no se los compraría. Tomó a Martin de la mano y salió con él de la tienda. Mientras caminaban por la calle, su padre le dijo, "No me importa cuánto tiempo tenga que vivir con este sistema, pero nunca lo aceptaré".

El "sistema" en el Sur mantenía a la población negra apartada de la población blanca. Esto se llamaba segregación. Los niños negros y los blancos iban a escuelas separadas. Las personas negras tenían que ocupar la parte trasera de los autobuses. Cuando creció, Martin decidió luchar para que eso cambiara. Pero fue una lucha pacífica.

Martin lideró marchas. Congregó a las personas para protestar. Pronunció discursos. Muchas personas escuchaban sus palabras y se unieron a su lucha no violenta. Martin Luther King Jr. luchó utilizando sus palabras, no sus puños.

Martin Luther King Jr. tenía un sueño en el que toda la gente pudiera vivir junta y en paz, y recibir un trato igual. Y aunque él murió hace más de cuarenta años, su sueño sigue vivo.

Capítulo 1
Un niño perfecto

El 15 de enero de 1929, nació un bebé en la ciudad de Atlanta, Georgia. Los médicos dijeron que era perfecto. Sus padres estaban muy felices. Lo llamaron Michael, el mismo nombre que tenía su padre. Pero cuando el pequeño Michael tenía cinco años, su padre decidió cambiar su nombre y

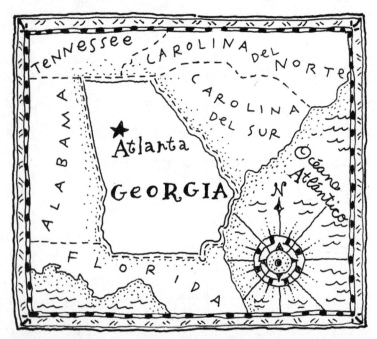

el de su hijo por el de Martin. Así que el niño pasó a llamarse Martin Luther King Jr.

El joven Martin vivía en un hogar muy feliz. Tenía una hermana mayor llamada Willie Christine (todos la llamaban Chris). También tenía un hermano menor llamado Alfred Daniel. Los King vivían en una casa grande en la Avenida Auburn en Atlanta. Su barrio era agradable. Nadie era ni muy pobre ni muy rico.

Había mucho amor en la familia

LA FAMILIA KING

de Martin, y él nunca recordó ver a sus padres discutiendo. Su madre, Alberta Williams King, era muy agradable y tenía una voz muy suave. El padre de ella era un ministro bien conocido. Después de terminar la secundaria, Alberta estudió en la universidad, algo que no hacían muchas mujeres de esa época. Alberta tenía una personalidad cálida, y Martin siempre podía hablar con ella.

Martin, Sr., el padre de Martin, era un hombre grande en muchos sentidos. Pesaba casi 220 libras y estaba lleno de confianza en sí mismo. Martin Jr. lo admiraba mucho. Su familia era muy pobre y vivía en una choza destartalada. Eran apareros. Un aparcero es un agricultor que no tiene tierra. Trabaja la tierra de otro agricultor y recibe una parte de la cosecha. El padre de Martin trabajó duro para conseguir su diploma de secundaria y de universidad. Después se hizo ministro de la Iglesia Bautista Ebenezer en Atlanta.

IGLESIA BAUTISTA EBENEZER

La Iglesia Bautista Ebenezer fue como un segundo hogar para Martin. Cantaba en el coro de la Iglesia. Asistía a la escuela dominical y tenía muchos amigos. Fue allí que Martin aprendió a llevarse bien con todo tipo de personas; con los niños y con los profesores.

Uno de sus mejores amigos era blanco. Se habían conocido desde que tenían tres años. El niño no vivía cerca de Martin, pero su padre tenía una tienda al frente de la casa de los King. Martin y el niño se mantenían juntos. Pero al cumplir seis años entraron a la escuela. Martin fue a una escuela para niños negros. El niño fue a una escuela para niños blancos. Un día, el padre de éste le dijo a su hijo que no podía seguir jugando con Martin. Martin corrió triste a su casa y le contó a su mamá. Ese fue el final de su amistad.

Esa noche en la cena, la familia tuvo una larga conversación. Fue la primera vez que Martin comprendió lo que pensaban las personas blancas de las negras. Aún así, sus padres le dijeron a Martin que no odiara a las personas blancas. Su deber como cristiano era amar a todos.

Su madre le dijo que siempre debía tener un sentido de "ser alguien"; de ser importante, aunque el mundo exterior le dijera que no lo era.

Mientras Martin Luther King Jr. crecía, cada vez fue más consciente de los problemas que tenían las personas negras, especialmente en el Sur. Adondequiera que mirara había letreros que decían "Sólo blancos". Los negros no podían entrar a muchos hoteles, restaurantes ni tiendas. No podían siquiera beber en las mismas fuentes de agua que los blancos. En muchas ciudades, los negros tenían que ocupar los asientos traseros de los autobuses. Si se sentaban adelante, eran enviados a prisión. Y si querían ir al cine, tenían que sentarse en el balcón. Estas reglas eran conocidas como leyes Jim Crow. Y Martin se enojó mucho con esto.

LAS LEYES DE JIM CROW

EL TÉRMINO "JIM CROW" SURGIÓ ALREDEDOR DE 1830 CON UN ARTISTA TROVADOR. LOS TROVADORES ERAN ARTISTAS DEL ENTRETENIMIENTO QUE VIAJABAN POR EL NORTE Y POR EL SUR PRESENTANDO ESPECTÁCULOS. ALCANZARON SU MAYOR POPULARIDAD ANTES Y DESPUÉS DE LA GUERRA CIVIL ESTADOUNIDENSE.

UN CANTANTE BLANCO SE PINTÓ LA CARA CON CARBÓN PARA PARECER UNA PERSONA NEGRA DURANTE UN ESPECTÁCULO. BAILABA DE UNA MANERA TONTA PARA BURLARSE DE LAS PERSONAS NEGRAS. CANTÓ UNA CANCIÓN QUE TERMINABA CON LAS PALABRAS "I JUMP JIM CROW".

ALGUNAS PERSONAS CREEN QUE ESTE PERSONAJE ESTABA BASADO EN UN ESCLAVO NEGRO Y ANCIANO PROPIEDAD DE UN TAL "MÍSTER CROW". EL PERSONAJE DE JIM CROW

FUE REPRESENTADO EN MUCHOS ESPECTÁCULOS EN LA DÉCADA DE 1850. EL TÉRMINO "JIM CROW" FUE UNA FORMA NEGATIVA DE REFERIRSE A LAS PERSONAS NEGRAS DURANTE LA ÉPOCA DE LA GUERRA CIVIL, Y A FINALES DEL SIGLO XIX, LAS LEYES RACISTAS FUERON LLAMADAS LEYES JIM CROW.

Cuando estaba en la escuela secundaria, Martin tenía que hacer un largo recorrido en autobús. Siempre se sentaba en la parte trasera, donde viajaban los negros.

Una vez, Martin y un profesor viajaron en autobús a Dublin, Georgia, para participar en un concurso de discursos. Martin ganó el concurso y se sintió muy orgulloso. De regreso a Atlanta, el conductor del autobús ordenó a Martin y a su profesor que cedieran sus  asientos a unos pasajeros blancos. El conductor se enojó porque ellos no se levantaron de inmediato: Según él, tenían que cumplir la ley. Los dos tuvieron que viajar de pie noventa millas. Pero Martin dijo para sus adentros, "Uno de estos días voy a poner mi cuerpo allí donde está mi mente". Él sabía que un día podría sentarse adelante.

Capítulo 2
Días de escuela

Martin Luther King Jr. siempre fue muy buen estudiante. Le encantaba leer y pronunciar discursos. Estudiaba mucho y gracias a todo esto fue adelantado dos años escolares. Se graduó de la escuela secundaria cuando sólo tenía quince años.

Ese verano, Martin trabajó en Simsbury, Connecticut. Era la primera vez que Martin estaba en el Norte. Consiguió un trabajo en los cultivos de tabaco. Le sorprendió ver lo diferente que era la vida para los negros en el Norte. Allí, los niños

negros y blancos iban a las mismas escuelas. No había restaurantes separados. Martin soñó con que eso sucediera en el Sur. Si sólo hubiera una forma de hacer que este sueño fuera realidad.

Martin regresó a Atlanta para estudiar en el Morehouse College, el mismo en el que había estudiado su padre. Todos los estudiantes eran negros. Y también, todos los profesores.

Al comienzo, Martin no sabía muy bien lo que quería estudiar. Sabía que quería pasar el resto de su vida ayudando a las personas de su raza.

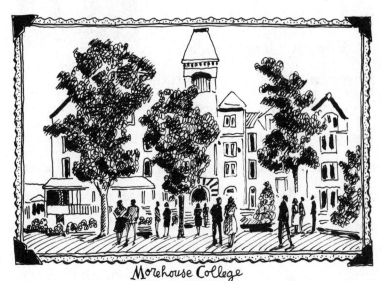

Morehouse College

Pero, ¿cuál era la mejor forma de hacer esto? Tal vez pudiera seguir los pasos de su padre y ser un ministro. O tal vez un abogado.

En el college, Martin Luther King Jr. leyó un ensayo escrito por un hombre llamado Henry David Thoreau. El ensayo fue escrito en 1849. En este ensayo, Thoreau decía que la gente tenía derecho a desobedecer las leyes que fueran injustas. En la época de Thoreau, los Estados Unidos todavía permitían la esclavitud. Thoreau quería protestar contra la esclavitud. Pensaba que el gobierno estaba equivocado en admitirla. Se negó a pagar impuestos y fue llevado a prisión. Pero a Thoreau no le importó estar en prisión. Estaba haciendo una declaración. A Martin le gustó la forma de pensar de Thoreau.

También le gustó que Thoreau protestara de una forma pacífica.

Dos de los profesores favoritos de Martin eran ministros. Gracias a ellos, decidió estudiar para ser ministro. Así, Martin podía hablar en contra de la segregación. Podía mostrarle a su gente lo mucho que se preocupaba por ellos.

Martin Luther King Jr. dio un sermón en la Iglesia de su padre cuando tenía apenas diecisiete años. Aún no era ministro, pero el sermón fue sincero e inspirador. Sus palabras no sólo conmovieron a los miembros de la congregación, sino también a su padre. Al año siguiente,

Martin se convirtió en un ministro y en asistente de la Iglesia de su padre.

En 1948, Martin se graduó de la universidad. Tenía diecinueve años. Su padre quería que permaneciera en la Iglesia Bautista Ebenezer. Pero Martin quería seguir estudiando. En septiembre, entró al Seminario Teológico Crozer, una escuela de religión en Chester, Pennsylvania. De cien estudiantes que había allí, sólo seis eran negros.

Martin estudió las enseñanzas de personajes como Mahatma Gandhi, el primer líder de la India moderna. Al igual que Thoreau, Mahatma Gandhi creía que el cambio era posible haciendo protestas pacíficas.

En 1951, Martin se graduó de Crozer. Fue el mejor estudiante de su clase. Sin embargo, creía que tenía que aprender más y ayudarle a la gente a protestar. Así que fue a estudiar en la Escuela de Teología de la Universidad de Boston.

Allí conoció a Coretta Scott. Coretta había

crecido en Alabama, pero estaba en Boston estudiando para ser cantante. En su primera cita, Martin la recogió en su Chevrolet verde. Durante el almuerzo, hablaron sobre lo duro que era ser negro en los Estados Unidos. También hablaron sobre cómo las personas podían vivir juntas y en paz. Martin quedó impresionado con Coretta.

MAHATMA GANDHI

· Gandhi ·

MAHATMA GANDHI FUE UN LÍDER POLÍTICO Y
ESPIRITUAL DE LA INDIA. NACIÓ EL 2 DE OCTUBRE
1869 EN LA CIUDAD DE PORBANDAR.

A LOS DIECIOCHO AÑOS, GANDHI ESTUDIÓ
DERECHO EN LONDRES. DESPUÉS DE TERMINAR SUS

ESTUDIOS, GANDHI FUE A TRABAJAR A SUDÁFRICA, DONDE LOS NEGROS AFRICANOS ERAN TRATADOS COMO CIUDADANOS DE SEGUNDA CLASE. GANDHI NO TARDÓ EN DESCUBRIR QUE LOS INDIOS TAMBIÉN ERAN TRATADOS DEL MISMO MODO. EN LOS TRIBUNALES, LE PIDIERON QUE SE QUITARA EL TURBANTE. TENÍA QUE VIAJAR EN UN VAGÓN SEPARADO EN LOS TRENES. ESTAS EXPERIENCIAS HICIERON QUE GANDHI LIDERARA PROTESTAS PACÍFICAS. CREÍA QUE ESTA ERA LA MEJOR FORMA DE MOSTRAR QUE LA DISCRIMINACIÓN ERA MUY INJUSTA.

LUEGO, CUANDO REGRESÓ A LA INDIA, GANDHI TUVO UN PAPEL MUY IMPORTANTE EN LIBERAR A SU PAÍS DEL DOMINIO BRITÁNICO. AUNQUE PASÓ MUCHOS AÑOS EN PRISIÓN, GANDHI PRACTICÓ LA NO VIOLENCIA DURANTE TODA SU VIDA.

INFORTUNADAMENTE, GANDHI TUVO UNA MUERTE VIOLENTA. FUE ASESINADO EL 30 DE ENERO DE 1948 POR NATHURAM GODSE, UN INDIO RADICAL, QUIEN CREÍA QUE GANDHI ERA RESPONSABLE POR DEBILITAR A LA INDIA. EN LA ACTUALIDAD, LOS LIBROS Y LAS ENSEÑANZAS DE GANDHI SIGUEN VIVAS Y HAN INSPIRADO A MUCHAS PERSONAS, INCLUYENDO A MARTIN LUTHER KING JR.

Sólo una hora después, Martin sabía que un día se casarían. ¡Y no estaba equivocado! Se casaron el 18 de junio de 1953 en la casa de los Scott, en Marion, Alabama.

La joven pareja vivió en Boston. Martin tenía que terminar sus estudios en la Universidad de Boston, y Coretta tenía que cumplir con sus obligaciones para  ser una profesora de música. Cuando Martin terminó de estudiar, pasó a ser el doctor Martin Luther King Jr. Ya estaba preparado para comenzar el trabajo de su vida, ¿pero cómo haría eso exactamente?

Capítulo 3
Martin consigue un trabajo

Dos iglesias, una en Massachusetts y otra en Nueva York, querían que Martin fuera su ministro. Mientras Martin decidía cuál trabajo aceptaba, recibió una carta de la Iglesia Bautista de la avenida Dexter en Montgomery, Alabama. La Iglesia, que no tenía ministro, invitó a Martin a predicar en ella.

En un día despejado de invierno en enero de 1954, Martin se dispuso a visitar la iglesia de Alabama. Mientras conducía, escuchó una

de sus óperas favoritas en la radio. La música y el hermoso paisaje rural hicieron que el viaje de cuatro horas pasara rápidamente.

Durante el viaje, Martin práctico el sermón que pronunciaría al día siguiente en Montgomery. Cuando llegó allí se sintió nervioso. No sentía miedo de hablar delante de las personas. En la iglesia de su padre, Martin predicaba ante grandes multitudes. Pero él sabía que si el sermón del día siguiente era bueno, podría ser ministro en esa iglesia.

Martin no sabía si quería vivir en el Sur. Sabía que la vida en el Norte era más fácil para los negros. Y más justa. Sin embargo, la Iglesia de Montgomery parecía un lugar maravilloso, y él quería causar una buena impresión. ¿Debería demostrarle a la gente que era inteligente? ¿Debería contarles sobre su educación? No. Martin sabía que lo único que tenía que hacer era lo mismo que había hecho anteriormente en las iglesias: hablar desde su corazón y ayudar a curar a la gente.

MONTGOMERY, ALABAMA:
LA CUNA DE LA CONFEDERACIÓN

EL 11 DE ENERO DE 1861, ALABAMA VOTÓ PARA "SEPARARSE DE LA UNIÓN", LO QUE SIGNIFICABA SEPARARSE DEL RESTO DE LOS ESTADOS UNIDOS. POCO TIEMPO DESPUÉS, UNOS 10 ESTADOS SUREÑOS TAMBIÉN VOTARON PARA SEPARARSE. UNA DE LAS RAZONES POR LAS QUE LOS ESTADOS DEL SUR NO QUERÍAN SER PARTE DE LOS ESTADOS UNIDOS ERA QUE MUCHAS PERSONAS EN LOS ESTADOS DEL NORTE QUERÍAN ABOLIR LA ESCLAVITUD.

EL 18 FEBRERO DE 1861, JEFFERSON DAVIS JURÓ EN MONTGOMERY QUE SERVIRÍA COMO PRESIDENTE DE LOS ESTADOS CONFEDERADOS DE AMÉRICA.

LA PRIMERA BANDERA CONFEDERADA FUE IZADA EN UN EDIFICIO QUE ACTUALMENTE ES EL CAPITOLIO ESTATAL. ESTA ES LA RAZÓN POR LA QUE MONTGOMERY FUE CONOCIDA COMO LA CUNA DE LA CONFEDERACIÓN.

EN ABRIL DE 1865, EL NORTE GANÓ LA GUERRA CIVIL, QUE PUSO FIN A LA ESCLAVITUD Y A LA CONFEDERACIÓN.

Obviamente, el sermón de Martin fue tan bueno que los fieles de la Iglesia de la avenida Dexter le pidieron que fuera su pastor.

Martin habló con Coretta, quien compartía sus temores. ¿Podría encontrar ella un buen trabajo en el Sur? En el Norte había más posibilidades para las mujeres negras. Ellos también hablaron sobre cómo sería criar hijos en el Sur.

Al final, Martin y Coretta decidieron vivir en Alabama. Después de todo, el Sur era su hogar. Y más importante aún, en la Iglesia de la avenida Dexter, Martin podía ayudar a resolver algunos de los problemas de los habitantes negros.

BROWN VERSUS LA JUNTA DE EDUCACIÓN

POR LA MISMA ÉPOCA EN QUE LOS KING DECIDIERON MUDARSE A ALABAMA, UN CASO MUY IMPORTANTE FUE LLEVADO A LA CORTE SUPREMA. EN TOPEKA, KANSAS, UNA ESTUDIANTE DE TERCER GRADO LLAMADA LINDA BROWN TENÍA QUE CAMINAR UNA MILLA TODOS LOS DÍAS PARA IR A LA ESCUELA. SU PADRE INTENTÓ MATRICULARLA EN UNA ESCUELA MÁS CERCANA A SU CASA. PERO EL DIRECTOR DE LA ESCUELA SE NEGÓ A RECIBIRLA. LA ESCUELA SÓLO ERA PARA NIÑOS BLANCOS.

ESTE CASO, Y OTROS PARECIDOS, FUERON LLEVADOS ANTE LOS NUEVE JUECES DE LA CORTE SUPREMA. EL 17 DE MAYO DE 1954, LOS NUEVE JUECES DE LA CORTE COINCIDIERON EN QUE

LAS ESCUELAS "SEPARADAS" POR DEFINICIÓN NO PODÍAN SER "IGUALES." CON ESTE RAZONAMIENTO, LA IDEA DE "SEPARADOS PERO IGUALES" SE DESMORONÓ. TODAS LAS ESCUELAS PÚBLICAS TUVIERON QUE ACEPTAR A NIÑOS NEGROS Y BLANCOS.

Capítulo 4
Viajando en autobús

Martin comenzó su trabajo como pastor de la Iglesia Bautista de la avenida Dexter el 1 de septiembre de 1954. En sus sermones, persuadió a los miembros de la Iglesia a que se registraran para votar. Votar era una forma de cambiar las leyes injustas. También los animó para que se unieran a la NAACP, la Asociación Nacional para el Avance de las Personas de Color. La NAACP es uno de los grupos por los derechos civiles más antiguo de los Estados Unidos. Fue conformado el 12 de febrero de 1909. Su objetivo es ayudar a las minorías a obtener un trato justo e igual cuando buscan un trabajo, compran una casa, o solicitan el ingreso a una escuela. Éstos son sólo unos pocos ejemplos de los derechos civiles.

Coretta, Yolanda y Martin

Después de vivir en Montgomery durante casi un año, Coretta dio a luz a una pequeña niña: Yolanda Denise. Martin le decía Yoki. Ahora los King eran una familia.

Tan sólo dos semanas después de que naciera Yolanda, sucedió algo que cambió la historia de Estados Unidos. El 1 de diciembre de 1955, una mujer negra de cuarenta y dos años llamada Rosa Parks subió a un autobús en Montgomery. En vez de sentarse atrás, Rosa se sentó en una silla de adelante. El conductor le dijo que se fuera para atrás. Pero Rosa Parks se negó y fue arrestada.

ROSA PARKS

Rosa Parks

ROSA PARKS NACIÓ EN TUSKEGEE, ALABAMA, EL 4 DE FEBRERO DE 1913. CUANDO SUS PADRES SE SEPARARON, ELLA Y SU MADRE SE MUDARON A UNA GRANJA DONDE VIVÍAN LOS ABUELOS DE ROSA. ROSA ESTUDIÓ EN SU CASA HASTA QUE TENÍA ONCE AÑOS. COMENZÓ LA ESCUELA SECUNDARIA PERO TUVO QUE RETIRARSE PARA CUIDAR DE SU ABUELA ENFERMA. SÓLO TERMINÓ LA ESCUELA SECUNDARIA DESPUÉS DE HABERSE CASADO.

EN 1943, ROSA SE HABÍA UNIDO AL MOVIMIENTO POR LOS DERECHOS CIVILES. INGRESÓ AL CAPÍTULO LOCAL DE LA NAACP Y A LA LIGA DE VOTANTES.

ROSA TRABAJABA COMO COSTURERA EN UNA TIENDA POR DEPARTAMENTOS. IBA A SU TRABAJO EN AUTOBÚS. DESPUÉS DE SER

ARRESTADA EL I DE DICIEMBRE DE 1955, PASÓ
LA NOCHE EN PRISIÓN. ALGUNAS PERSONAS
DIJERON QUE ROSA NO CEDIÓ SU ASIENTO
PORQUE ESTABA
CANSADA. ROSA
DIJO QUE
ELLOS TENÍAN
RAZÓN:
¡ESTABA
CANSADA
DE CEDER!
LA GUERRA
CIVIL HABÍA
TERMINADO Y
LA ESCLAVITUD HABÍA

SIDO ABOLIDA CASI CIEN AÑOS ATRÁS. LAS
PERSONAS NEGRAS YA NO ERAN ESCLAVAS,
PERO EN MUCHOS LUGARES NO SUCEDIERON
VERDADEROS CAMBIOS HASTA LOS AÑOS
50 Y 60, CUANDO MÁS PERSONAS NEGRAS
COMENZARON A EXIGIR SUS DERECHOS.
MUCHAS PERSONAS CREEN QUE LA PROTESTA
DE ROSA PARKS–ESE PEQUEÑO ACTO–FUE EL
COMIENZO DEL MOVIMIENTO MODERNO POR LOS
DERECHOS CIVILES.

Los líderes negros, incluyendo a Martin Luther King Jr., se reunieron para hablar sobre el arresto de Rosa Parks. Se les ocurrió una idea. No tomarían los autobuses para ir a la escuela ni al trabajo. Este tipo de protesta se llama boicot. Si los negros de Montgomery dejaban de utilizar los autobuses, entonces la compañía de autobuses perdería dinero. Tal vez así el gobierno cambiaría las leyes.

El boicot comenzó el lunes 5 de diciembre de 1955. Como el lunes era el comienzo de la semana laboral y estudiantil, las personas tendrían que tomar taxis o viajar en autos. Algunos tendrían que caminar. Pero Martin creía que el boicot enviaría un mensaje fuerte. Si las personas negras no se podían sentar donde quisieran, tendrían que negarse a utilizar los autobuses.

Coretta y Martin se despertaron el lunes a primera hora. Miraron la parada del autobús desde su ventana. Un autobús se detuvo. ¡Estaba vacío!

Martin subió a su auto y condujo alrededor de la ciudad. Casi todas las personas negras que vio estaban caminando o viajando en automóviles. ¡Después supo que algunos tenían que caminar más de diez millas para llegar a sus lugares de destino!

El primer día del boicot fue un éxito rotundo. Pero necesitaban que el boicot continuara. La gente tendría que dejar de viajar en autobuses el día siguiente, y el día después de ese. Tenían que continuar el boicot hasta que las leyes cambiaran.

Los líderes blancos que trabajaban en el gobierno de la ciudad de Montgomery estaban enojados. Los autobuses de la ciudad estaban perdiendo dinero. Sin embargo, no querían cambiar las leyes. Más bien, intentaron hacer que las cosas fueran más difíciles para las personas negras. El comisionado de la policía les dijo a las compañías de taxi que elevaran las tarifas de modo que fueran muy costosas para la mayoría de los negros: no tendrían otra opción que caminar.

Pero Martin y los otros líderes negros tenían un plan. Ayudaron a organizar el uso compartido de autos. Muchas personas—negras y blancas— se ofrecieron como voluntarias para llevar a la gente que participaba en el boicot. Fue un buen ejemplo de una protesta pacífica. Sin embargo, las protestas pacíficas también podían ser peligrosas.

Martin fue arrestado por la policía local. Dijeron que conducía su auto a gran velocidad. La policía quería asustarlo y que terminara el boicot a los autobuses. Luego, lanzaron una bomba incendiaria en el porche de su casa. Martin se asustó por su familia. Pero esto no lo detuvo.

El boicot duró más de un año. Finalmente, la Corte Suprema de los Estados Unidos dijo que las leyes que separaban a los blancos y a los negros en los buses de Montgomery debían terminar.

Martin sintió una gran alegría. Ya podían utilizar de nuevo los autobuses, y sentarse donde quisieran. En las primeras horas de la mañana del 21 de diciembre de 1956, tres líderes del boicot fueron a la casa de Martin.

Los reporteros los siguieron mientras se dirigían a la parada más cercana de autobús. Les hicieron preguntas. Los fotógrafos le tomaron fotos a Martin. Fue un día trascendental. Cuando el autobús llegó, Martin y los otros líderes subieron. Los reporteros los siguieron. Martin se sentó en la primera fila. Tenía una gran sonrisa.

Capítulo 5
Una lucha pacífica

La integración de los buses en Montgomery había funcionado. Pero Martin Luther King Jr. sabía que esto era sólo el comienzo. Martin y otros líderes negros se reunieron en Atlanta, Georgia. Fundaron un grupo por los derechos civiles llamado Conferencia para el Liderazgo Sureño Cristiano: la SCLC. El 14 de febrero de 1957, Martin se convirtió en su director.

En el Sur, los líderes por los derechos civiles enfrentaban una violencia creciente. La casa de un hombre fue bombardeada. Lo mismo sucedió con varias iglesias. Luego, una estación de gasolina y un puesto de taxis fueron bombardeados. Martin instó a todos a mantener la calma. "No debemos responder con violencia bajo ninguna circunstancia", dijo. Pero sabía que su consejo era difícil de seguir.

Sus discursos hicieron famoso a Martin en Montgomery. Adondequiera que iba, miles de personas asistían para escucharlo. La gente le pedía incluso su autógrafo en las calles.

El 17 de mayo de 1957, Martin habló en un encuentro llamado la Peregrinación de Oración, en Washington, D.C. La marcha tuvo lugar el tercer aniversario de la aprobación de *Brown vs. la Junta de Educación.* El día de la marcha, miles de personas negras y blancas se reunieron frente al Lincoln Memorial. Los oradores le pidieron al gobierno que aprobara una Ley de Derechos Civiles. Esta ley les garantizaría a todas las personas de los Estados Unidos derechos iguales bajo la ley.

Un aspecto importante de la ley de derechos civiles sería asegurarse de que cada ciudadano adulto pudiera votar. Durante la Peregrinación de Oración, Martin dijo que era el pedido más urgente al presidente Dwight Eisenhower.

Mientras Martin estaba marchando y predicando, Coretta estaba ocupada con las tareas domésticas. El 23 de octubre, nació su segundo hijo, Martin Luther King III. Martin dijo, "Tengo una deuda con mi esposa Coretta, sin cuyo amor, sacrificios y lealtad no serían posibles la vida ni el trabajo". Esta vez, Coretta quería tener  un papel mucho más activo en el movimiento. Sin embargo, Martin prefería que ella permaneciera en casa criando a sus hijos.

LA DECIMOQUINTA ENMIENDA

EN 1870, LA DECIMOQUINTA ENMIENDA A LA CONSTITUCIÓN DE LOS ESTADOS UNIDOS LES DIO EL DERECHO A VOTAR A LOS CIUDADANOS NORTEAMERICANOS DE SEXO MASCULINO QUE TUVIERAN 21 AÑOS O MÁS. (LAS MUJERES–TANTO BLANCAS COMO NEGRAS– NO TUVIERON DERECHO A VOTAR HASTA 1920). PERO EN TODO EL SUR, LAS PERSONAS NEGRAS AÚN NO PODÍAN VOTAR. LES DECÍAN QUE TENÍAN QUE PAGAR UN "IMPUESTO DE VOTACIÓN" PARA PODER VOTAR. MUCHAS ERAN DEMASIADO POBRES Y NO PODÍAN HACERLO. ALGUNOS NEGROS TENÍAN QUE SOMETERSE A PRUEBAS PARA DEMOSTRAR QUE SABÍAN LEER Y ESCRIBIR. ERAN RECHAZADOS SI NO PASABAN LA PRUEBA. NO PODÍAN VOTAR PARA ELEGIR UN PRESIDENTE. NO PODÍAN VOTAR PARA EL CONGRESO. NO PODÍAN VOTAR PARA ELEGIR LÍDERES LOCALES. ESTO NO SÓLO ERA INJUSTO, SINO QUE IBA EN CONTRA DE LA LEY.

En 1959, Martin viajó a la India con su esposa Coretta. Quería ver la tierra donde había vivido Gandhi, su héroe.

Mientras viajaba por este país, vio que la India estaba dividida entre gente muy pobre y gente muy rica. Muchas personas no tenían trabajo. Muchas dormían en las calles. Por otra parte, los ricos tenían casas hermosas y ropas lujosas. Y a pesar de tanta pobreza, las personas vivían en paz. Sí, eran pobres, pero no descargaban sus problemas en nadie.

Martin visitó algunos de los lugares que fueron especiales para Gandhi. Visitó un lugar llamado Bambi, donde Gandhi había comenzado una marcha de más de doscientas millas para protestar en contra de un impuesto a la sal. La marcha de Gandhi comenzó con ocho personas. Llegaron a ser miles. Algunos dicen que más de un millón de personas participaron en la marcha. Gandhi les dijo, "Si los golpean, no devuelvan el golpe; incluso si les disparan, no devuelvan los disparos. Simplemente continúen caminando".

Martin tuvo una experiencia maravillosa en la India. Cuando regresó a casa, estaba aún más convencido del poder de las protestas pacíficas.

En 1959, la familia King se mudó a Atlanta. Era duro dejar Montgomery, pero Martin quería tener más tiempo para trabajar por los derechos civiles. No podía ser un ministro de tiempo completo. Le dijo a su congregación, "La historia me ha dado algo que no puedo rechazar". En Atlanta, Martin

Luther King Jr. sería el otro pastor de la Iglesia Bautista Ebenezer, la iglesia de su padre.

En 1960, el movimiento por los derechos civiles se estaba extendiendo por el Sur. Los estudiantes negros y blancos organizaron "sentadas" en los comedores. Se sentaban juntos en comedores "sólo para blancos" y esperaban a que les sirvieran. Con frecuencia, la policía los sacaba de allí. Pero

los estudiantes nunca opusieron resistencia al ser arrestados. Algunas veces, la gente les gritaba y les escupía. En algunos casos les lanzaban piedras. Sin importar cuántos estudiantes fueron enviados a prisión, otros iban y se sentaban. Seguían haciéndolo porque creían en su lucha.

Martin participó en las sentadas y fue arrestado el 19 de octubre de 1930 en un comedor de una tienda por departamentos en Atlanta. Más de 200 estudiantes fueron arrestados ese mismo día. Todos fueron llevados a la cárcel del condado de Fulton. Martin le dijo al juez que las "sentadas" simbolizaban la injusticia racial. Quería que la gente en Atlanta comprendiera que tener lugares donde sólo pudieran comer los blancos estaba muy mal. Él dijo, "Honestamente debo decir que creemos firmemente que la segregación es mala".

Pasaron cinco días y Martin y los estudiantes aún seguían en prisión. Los habitantes negros de Atlanta estaban muy preocupados. Finalmente, los propietarios de las tiendas retiraron los cargos, y todos fueron liberados. Pero muchas personas blancas seguían muy enojadas con Martin. Querían que regresara a prisión.

El 4 de mayo 1960, la policía detuvo a Martin

en su auto. Le dieron una multa por conducir en Georgia con una licencia de Alabama. Martin pensó que en el peor de los casos, pagaría la multa en la corte.

Sin embargo, le encadenaron los pies y lo llevaron a una prisión estatal a más de doscientas millas de distancia. El viaje a la prisión fue largo. Martin tenía hambre. Tenía sed. Y tenía miedo.

Cuando sus seguidores supieron esto, intentaron sacarlo de prisión por todos los medios posibles. Llamaron al vicepresidente Richard Nixon y al senador John F. Kennedy, quienes eran rivales en la carrera

presidencial. Al comienzo, ninguno de los dos quiso ayudarle. Tenían miedo de que los votantes blancos enfurecieran. Cuando los reporteros preguntaron

Richard Nixon

a Nixon sobre el encarcelamiento de Martin Luther King Jr., el candidato respondió: "Sin comentarios".

Finalmente, uno de los amigos de Kennedy lo convenció para que ayudara a Martin. Kennedy llamó a Coretta. Ella esperaba a su tercer hijo y estaba muy molesta. John F. Kennedy le dijo que él y su hermano Robert Kennedy, quien era un abogado, harían todo lo que estuviera a su alcance para ayudar a Martin.

Robert Kennedy llamó al juez que había enviado a Martin a prisión. Quería saber por qué

John F. Kennedy

Martin no podía pagar una fianza. (La fianza es una suma de dinero que se paga a la corte y permite que una persona permanezca en libertad hasta el juicio). Entonces el juez aceptó darle una fianza. Martin fue liberado.

Los trabajadores de la campaña de Kennedy imprimieron millones de volantes con las palabras de Nixon, "Sin comentarios", mostrando que era un hombre sin corazón. Martin Luther King, Sr., el padre de Martin, decidió votar por Kennedy. John F. Kennedy ganó las elecciones de noviembre. Era el primer presidente católico. Los católicos también habían sido víctimas de prejuicios en los Estados Unidos. Ésa fue una de las razones por las que muchas personas negras votaron por JFK. Tal vez su experiencia como católico le permitiría entender mejor los problemas raciales en América.

Capítulo 6
Jinetes de la libertad

En 1961 ya no quedaban muchos comedores"
sólo para blancos" en el Sur. Pero muchísimas salas
de espera, baños, y restaurantes en las estaciones de
autobuses y trenes aún tenían áreas separadas para
negros y blancos. No importaba que las Cortes
dijeran que esto era ilegal. Martin Luther King Jr.
habló con el Presidente Kennedy, pero el Presidente
no actuó con rapidez para solucionar la situación.

El 4 de mayo de 1961, un grupo de estudiantes que iba hacia el Sur tomó dos autobuses en Washington, D.C. En una de las paradas de descanso, los estudiantes negros se sentaron en salas de espera "sólo para blancos". De nuevo, estaban haciendo una protesta pacífica. En Anniston, Alabama, las llantas de uno de los autobuses fueron pinchadas. Una bomba fue lanzada contra la ventana de otro autobús. Los pasajeros fueron atacados mientras salían asustados de los buses. El viaje había terminado.

Pero los estudiantes no se rindieron. Otros grupos viajaron del Norte al Sur en autobuses. De nuevo, los estudiantes fueron atacados. Muchos fueron enviados a prisión. Estos jóvenes valientes fueron conocidos como los "jinetes de la libertad".

Una noche, un grupo de jinetes de la libertad se reunió en una iglesia en Montgomery, Alabama,

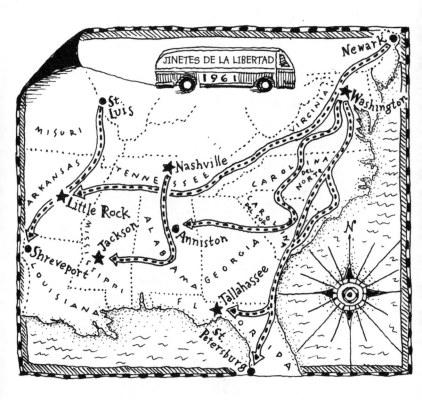

donde Martin había ido a hablar.

Una multitud que estaba afuera lanzó piedras y botellas a la iglesia. Pero Martin instó a todos a permanecer fuertes y cantaron la canción de libertad "We Shall Overcome". Finalmente, la multitud enojada se marchó.

¿Fue éste el final de la segregación en esos lugares? No. Por ejemplo, la estación de autobús en Albany, Georgia se negó a eliminar su sala de espera sólo para blancos. Y un hombre, llamado doctor W. G. Anderson, fundó el Movimiento Albany. Este grupo organizó sentadas y boicots. Durante varios meses, Martin lideró las marchas en Albany.

Una vez más, Martin fue enviado a prisión. Él quería cumplir su sentencia de cuarenta y cinco días. Sin embargo, fue liberado un par de días después. Había sido expulsado de autobuses y de tiendas, y ahora estaba siendo expulsado de la cárcel. Y a pesar de todas las marchas y de pasar tiempo en prisión, Martin y el resto de los líderes del Movimiento Albany se enfrentaban a la derrota. Las leyes de segregación en Albany siguieron vigentes, al menos por un tiempo, y aunque muchas personas se habrían rendido, Martin consideró el revés como un comienzo. Su lucha continuaría.

Capítulo 7
La libertad llega a Birmingham

Martin Luther King Jr. sabía que el movimiento por los derechos civiles sufriría derrotas. Pero estaba más determinado que nunca a demostrar el poder de las protestas pacíficas. Buscó la ciudad con las leyes racistas más duras. Era Birmingham, Alabama. Si la situación en Albany, Georgia era mala, en Birmingham era peor. Las escuelas aún eran segregadas en esta ciudad. Las fuentes de agua estaban marcadas con" blancos" o "de color".

Bull Connor

El comisionado de la policía de Birmingham era Bull Connor, un hombre muy duro con las personas negras. Hizo que tuvieran miedo de hablar contra las leyes Jim Crow. Incluso las personas blancas que no estaban de acuerdo con la segregación tenían miedo de hablar.

Martin y los líderes de la SCLC tenían un plan. Además de las sentadas en los comedores, organizaron reuniones en las iglesias negras de Birmingham. En estas, los manifestantes hablaban con las personas. Hablaban sobre las protestas pacíficas. Cantaban canciones de libertad: "Venceremos, los negros y los blancos juntos, venceremos algún día". Martin sabía que las canciones inspiraban a las multitudes; les daba valor a las personas negras para luchar por una causa justa.

Las protestas de Birmingham comenzaron. Treinta y cinco personas fueron arrestadas después de tres días de sentadas.

Había llegado el momento de poner en marcha la segunda parte del plan de Martin.

Él y los líderes de la SCLC decidieron boicotear los negocios blancos. Martin sabía que esto enojaría a los propietarios de tiendas. Casi la mitad de la población de Birmingham era negra. Si no tenían clientes negros, las tiendas tendrían problemas para ganar dinero.

El 6 de abril, Martin organizó una marcha hacia el ayuntamiento de la ciudad. Muchas personas se unieron a esta marcha. Pero Bull Connor cada

vez tenía más rabia. Él y los policías golpearon con garrotes a algunos de los manifestantes. Los policías soltaron sus perros. Pero la gente no huyó. Al contrario, se fortaleció más.

Diez días después, quinientas personas habían sido enviadas a prisión. Algunas fueron liberados bajo fianza, pero unas trescientas permanecieron privadas de la libertad.

Martin aún no había participado en las marchas. Sería arrestado si lo hacía. Y si estaba encerrado en prisión, no podría permanecer al mando.

El 12 de abril, Martin y los otros líderes de la protesta se reunieron en el hotel donde se hospedaba Martin. Su padre y su hermano habían asistido. Martin Luther King, Sr. quería que su hijo regresara a casa. Era el domingo de Resurrección y quería que Martin predicara en la Iglesia. Algunos líderes creían que Martin debía permanecer allí y liderar las protestas. Otros no querían que marchara porque temían que fuera arrestado. Y otros pensaban que Martin debería recaudar dinero para pagar la fianza de los manifestantes que estaban en prisión.

Comenzaron a discutir. Martin salió de su habitación para pensar y orar. Cuando regresó, vestía unos jeans. (Siempre vestía jeans cuando era enviado a prisión). Había tomado una decisión: se uniría a los manifestantes en la próxima marcha.

Tal como se esperaba, Martin fue arrestado. Generalmente, él podía llamar a Coretta de inmediato. Pero esta vez, no le permitieron llamar. Al cabo de dos días, Coretta, que había tenido recientemente a su cuarto hijo, se desesperó.

Martin había sido encerrado sólo en una celda. No se permitieron visitas de nadie, ni siquiera de sus abogados. La celda era pequeña y muy oscura. La única luz era la que entraba de una pequeña ventana cerca del techo. Martin se asustó. Se preocupó por su esposa y su familia. También se preocupó por los demás manifestantes.

Incluso los ministros blancos estaban en contra de Martin. En una carta al periódico *Birmingham News,* ocho pastores blancos dijeron que la protesta no estaba bien y que la SCLC no debía violar las leyes. Dijeron que Martin y su grupo estaban incitando al odio y a la violencia.

Martin escribió una carta extensa de respuesta. Como no tenía papel en la prisión, escribió en los bordes de los periódicos, e incluso en papel higiénico. En esta carta, Martin decía que las personas debían obedecer las leyes que fueran justas, pero debían desobedecer las leyes injustas. Aún así, dijo, siempre deberían tener un comportamiento pacífico. Y las personas deberían estar listas para aceptar el castigo por desobedecer las leyes.

Martin cumplió voluntariamente con su tiempo en prisión. Fue liberado ocho días después. Martin pudo ver de nuevo la luz del día.

Uno de sus asesores tenía un nuevo plan. Quería organizar una "marcha de niños". Al comienzo, Martin se opuso a este plan. ¿No era muy peligroso? Pero sus asesores no creían que la policía se atreviera a enviarlos a prisión.

Miles de niños de Birmingham—desde seis años de edad hasta adolescentes—fueron entrenados

para protestar pacíficamente. Participaron en marchas. Y algunos de ellos fueron enviados a prisión.

Se planeó una demostración multitudinaria para el 2 de mayo. Miles de jóvenes querían participar en ella. El director de una escuela negra cerró las puertas con llave para que los estudiantes no salieran de allí. Pero ellos treparon las puertas. Estas marchas eran demasiado importantes como para no participar en ellas. Estaban marchando por la libertad.

Bull Connor y sus hombres también fueron a la marcha. Llevaron garrotes para golpear a los manifestantes. Los perros rasgaron las ropas de los participantes. La policía los derribó con las ráfagas de agua de los camiones de bomberos.

Una bomba incendiaria fue lanzada a la casa del hermano de Martin.

Pero los reporteros también asistieron. Y los camarógrafos. Escribieron historias. Grabaron lo que estaba sucediendo. En los años 60, la mayoría de los hogares americanos tenía televisor. Las personas se conectaron más con el mundo exterior gracias a este medio. Una cosa era leer sobre un ataque en un periódico, pero otra muy diferente era verlo en la televisión. Martin entendía el poder de la televisión. Se alegró de que esta marcha fuera transmitida diariamente a todos los hogares. Los americanos se indignaron.

En Birmingham, muchos líderes blancos

dueños de negocios, estaban hartos. Pero lo que más molestó a la mayoría no era la violencia, sino el dinero que estaba dejando de ganar. Se reunieron y decidieron ceder a algunas exigencias de los manifestantes. Estas fueron algunas de las promesas:

- Los comedores, los baños, los vestidores y las fuentes de agua ya no estarían segregados.

- Los negros podrían conseguir mejores trabajos.

- Los manifestantes que estaban en prisión serían liberados.

- Se formaría un comité de personas negras y blancas para ayudar a aliviar las tensiones entre las razas.

Finalmente, las leyes Jim Crow habían desaparecido en Birmingham. ¡Martin había conseguido una gran victoria!

Capítulo 8
Tengo un sueño

Birmingham demostró a todas las personas negras del país lo que podían conseguir con las protestas. Desde Carolina del Norte a Tennessee y a Oklahoma, los negros americanos marcharon y organizaron sentadas. Hicieron protestas frente a los edificios gubernamentales. Gradualmente, miles de comedores, hoteles, escuelas y parques se integraron.

Luego, el 11 de junio de 1963, el presidente Kennedy pidió al Congreso que aprobara el proyecto de ley de Derechos Civiles. El Presidente dijo, "Yo . . . pido al Congreso que apruebe una legislación que dé a todos los americanos el derecho a ser atendidos en instalaciones abiertas al público; en hoteles, restaurantes, teatros, tiendas minoristas y establecimientos similares. Me parece que esto es un derecho elemental".

El 28 de agosto de 1963, Martin y otros líderes negros lideraron una marcha a Washington, D.C. Querían mostrarle al Congreso cuántas personas apoyaban el proyecto de ley de Derechos Civiles. Más de doscientos cincuenta mil americanos acudieron desde todos los rincones de Estados Unidos. Muchos fueron en automóviles y autobuses. Otros viajaron en avión. Algunos caminaron. Otros patinaron.

La mayoría de los manifestantes eran negros. Pero también había miles de blancos. También creían que las leyes de segregación eran injustas. La gente marchó hacia el Lincoln Memorial mientras cantaba.

Muchos líderes hablaron ese día, pero lo que dijo Martin fue inolvidable. Había escrito un discurso pero no lo leyó. Cuando se dirigió a la multitud, recordó un discurso que había pronunciado pocos meses atrás.

En ese discurso había utilizado la frase, "Yo tengo un sueño" una y otra vez para expresar sus esperanzas sobre el futuro. Martin quería utilizar esas mismas palabras de nuevo. Así que dejó a un lado su discurso escrito y habló. Su sueño era "que un día, en las colinas rojas de Georgia, los hijos de antiguos esclavos y los hijos de antiguos propietarios de esclavos puedan sentarse juntos a la mesa de la hermandad . . ." Tenía un sueño de que un día la gente juzgaría a sus cuatro hijos por lo que eran y no por el color de su piel.

El discurso de Martin terminó siendo un gran motivo de esperanza. Él creía que cuando llegara ese día, todo el mundo podía tomarse de las manos y cantar una vieja canción de esclavos: "Libres al fin, libres al fin. Gracias a Dios todopoderoso somos libres al fin".

La marcha y el discurso de Martin Luther King Jr. fueron transmitidos por la televisión. Era la primera vez que millones de americanos oían hablar a Martin. Sus palabras inspiraron a las multitudes. Sus palabras inspiraron a la

nación y a todo el mundo. Gracias a este discurso, Martin Luther King Jr. se convirtió en la voz del movimiento por los derechos civiles.

EL DISCURSO DE GETTYSBURG

CASI EXACTAMENTE CIEN AÑOS ANTES DE QUE EL PRESIDENTE KENNEDY LE PIDIERA AL CONGRESO QUE APROBARA EL PROYECTO DE LEY DE DERECHOS CIVILES, EL PRESIDENTE

ABRAHAM LINCOLN PRONUNCIÓ EL DISCURSO DE GETTYSBURG. TAMBIÉN HABLÓ SOBRE LOS DERECHOS CIVILES. ES UNO DE LOS DISCURSOS MÁS FAMOSOS EN LA HISTORIA AMERICANA.

EL 19 DE NOVIEMBRE DE 1863, EL PRESIDENTE LINCOLN HABLÓ SOBRE LA LIBERTAD Y LA DEMOCRACIA. FUE DURANTE LA GUERRA CIVIL Y PRONUNCIÓ EL DISCURSO EN GETTYSBURG, PENNSYLVANIA, DONDE EL NORTE HABÍA GANADO UNA GRAN BATALLA. LINCOLN DIJO QUE "OCHENTA Y SIETE AÑOS ATRÁS", LA NACIÓN HABÍA SIDO FORMADA CON LA IDEA DE QUE "TODOS LOS HOMBRES SON CREADOS IGUALES." LINCOLN QUERÍA UN "GOBIERNO DEL PUEBLO, POR EL PUEBLO Y PARA EL PUEBLO." SIN EMBARGO, CIEN AÑOS DESPUÉS DEL DISCURSO DE GETTYSBURG, LOS SUEÑOS DE IGUALDAD DE LINCOLN NO SE HABÍAN CUMPLIDO PLENAMENTE.

Sólo dos semanas después, el 15 de septiembre de 1963, ocurrió un desastre. Una explosión rompió el silencio matinal en Birmingham, Alabama. Una bomba fue lanzada al interior de la Iglesia Bautista de la avenida 16. Cuatro niñas negras murieron. Eran Denise McNair, de once años; y Carole Robertson, Cynthia Wesley y Addie Mae Collins, de catorce años.

Todo el país estaba conmocionado. Martin se llenó de tristeza y amargura. Se contactó con el presidente Kennedy para decirle que iría a Birmingham a asegurarse de que los negros no reaccionaran de forma violenta tras el bombardeo. El presidente Kennedy envió a veinticinco agentes del FBI y a expertos en bombas para investigar.

Luego, el 22 de noviembre de 1963, ocurrió

otro desastre. El Presidente John F. Kennedy fue asesinado en Dallas, Texas.

Era el cuarto presidente estadounidense en ser asesinado mientras desempeñaba su cargo.

El vicepresidente Lyndon B. Johnson asumió la presidencia. Cinco días después de la muerte de Kennedy, el Presidente Johnson habló ante el Congreso. Pidió que aprobaran el proyecto de ley de derechos civiles que había promovido Kennedy. Era la mejor forma de honrar el recuerdo del Presidente Kennedy.

El Congreso estuvo de acuerdo. El 2 de julio de 1964—casi cien años después de que el país viera el final de la esclavitud—el presidente Johnson firmó la ley de derechos civiles. Y a un lado del presidente Johnson estaba Martin Luther King Jr.

PRINCIPALES CARACTERÍSTICAS DE LA LEY DE DERECHOS CIVILES DE 1964

- CUALQUIER PERSONA PODÍA REGISTRARSE PARA VOTAR. LAS PRUEBAS DE ALFABETISMO (PARA VER SI LOS VOTANTES, TANTO NEGROS COMO BLANCOS, SABÍAN LEER Y ESCRIBIR) AÚN PODÍAN PRACTICARSE.

- LA DISCRIMINACIÓN EN HOTELES, MOTELES, RESTAURANTES Y OTROS SITIOS PÚBLICOS ESTABA PROHIBIDA.

- EL SECRETARIO DE JUSTICIA PODÍA LLEVAR A LOS TRIBUNALES A LAS ESCUELAS SEGREGADAS.

- CUALQUIER PROGRAMA ESTATAL QUE PRACTICARA LA DISCRIMINACIÓN DEJARÍA DE RECIBIR DINERO.

- LAS COMPAÑÍAS CON MÁS DE QUINCE EMPLEADOS NO PODÍAN DISCRIMINAR ENTRE LOS TRABAJADORES.

Capítulo 9
El premio de la paz

Martin les mostró a personas de todo el mundo el poder de las palabras y no de los puños. En 1964, Martin recibió el Premio Nobel de la paz. Este premio se concede casi cada año a la persona o grupo que haya hecho algo importante por la paz mundial.

Martin se sintió muy agradecido por este premio. Pero sabía que no era sólo suyo; pertenecía a los miles de personas valientes que habían tomado parte en la lucha no violenta para tener derechos iguales. Martin donó todo el dinero del premio—cincuenta y cuatro mil dólares—a grupos que trabajaban por los derechos civiles.

EL PREMIO NOBEL DE LA PAZ

ALFRED B. NOBEL ERA UN QUÍMICO E INGENIERO SUECO QUE INVENTÓ LA DINAMITA. CUANDO NOBEL

MURIÓ EN 1896, DEJÓ NUEVE MILLONES DE DÓLARES EN SU TESTAMENTO PARA ESTABLECER EL PREMIO NOBEL. LOS PREMIOS SON CONCEDIDOS CASI CADA AÑO EN SEIS CATEGORÍAS: PAZ, LITERATURA, FÍSICA, QUÍMICA, FISIOLOGÍA O MEDICINA, Y ECONOMÍA. MUCHAS PERSONAS DIFERENTES—DESDE PROFESORES A JUECES O POLÍTICOS— PUEDEN SER NOMINADAS PARA ESTOS PREMIOS. ALGUNOS AÑOS SE RECIBEN CASI DOSCIENTAS NOMINACIONES.

EL PREMIO NOBEL DE LA PAZ SE LE HA CONCEDIDO A NOVENTA Y CUATRO PERSONAS Y A DIECINUEVE ORGANIZACIONES DESDE 1901. ALGUNAS DE LAS PERSONAS QUE LO HAN RECIBIDO SON:

- EL PRESIDENTE JIMMY CARTER—2002
- NELSON MANDELA—1993
- ELIE WIESEL—1986
- LA MADRE TERESA—1979

Martin Luther King Jr. había recibido el premio Nobel de la paz, pero sabía que no había alcanzado su meta: la igualdad para todas las personas. Pensó en la derrota en Albany y en el éxito en Birmingham. Seguramente había otras ciudades donde Martin podía ayudar a terminar con la segregación.

Sus ojos se dirigieron a Selma, Alabama. Aunque la mitad de los residentes de Selma eran negros, sólo el 1 por ciento estaba registrado para votar. La oficina de votación sólo abría pocos días al mes, y por eso, las personas tenían dificultades para registrarse. Además, la prueba de alfabetismo era tan difícil que Martin dijo que incluso el presidente de la Corte Suprema seguramente desconocería algunas de las respuestas.

Durante varias semanas, Martin llevó a varios grupos a la Corte a que se registraran para votar. Pero no era legal organizar marchas en Selma y los grupos fueron arrestados. Miles de personas negras fueron enviadas a prisión sólo porque querían tener derecho al voto.

El 1 de febrero de 1965, Martin Luther King Jr. fue arrestado durante una de las marchas. Mientras estaba en prisión, un grupo llamado Comité Coordinador de los Estudiantes No Violentos invitó a un hombre llamado Malcolm X a hablar en Selma.

Malcolm X era un joven líder negro que estaba en desacuerdo con las protestas pacíficas de Martin. Malcolm X no creía en luchar sólo con palabras. Creía que estaba bien utilizar los puños y algo más. Malcolm X también habló sobre el "orgullo negro", la forma en que los negros debían respetarse a sí mismos y sentirse orgullosos de su raza.

Mientras que Martin Luther King Jr. estaba en prisión, escribió una carta que fue publicada en el periódico *The New York Times*. En ella, Martin decía, "hay más negros conmigo en prisión que en las listas de votación".

Las marchas se propagaron por muchos condados de Alabama. Una noche, Jimmie Lee Jackson, un manifestante negro, fue asesinado mientras conducía con el fin de registrarse para votar. Tenía veintiséis años. Poco antes de morir, Jimmie Lee dijo que un patrullero estatal le había disparado. La comunidad negra de Selma estaba indignada. Pero Martin no quería que la gente respondiera con más violencia. Pensaba que Malcolm X estaba equivocado y organizó una marcha desde Selma hasta Montgomery, la capital de Alabama, con el fin de exigir que las personas negras tuvieran derecho a votar.

En esa época, el gobernador de Alabama era George Wallace. No quería que marcharan y prohibió que lo hicieran. ¿Esto detuvo a Martin? No. El 7 de marzo, seiscientos cincuenta y cinco manifestantes se dirigieron a Montgomery. Era un domingo, y Martin permaneció en su iglesia de Atlanta para predicar. Planeaba tomar un avión a Montgomery horas más tarde para reunirse con los manifestantes.

Como de costumbre, los manifestantes estaba marchando en paz. Pero pronto aparecieron patrulleros estatales armados con garrotes y gases lacrimógenos, y atacaron a algunos participantes en la marcha. Otros patrulleros estatales que iban a caballo pisotearon a los participantes. Alrededor de setenta personas quedaron heridas. La violencia fue registrada por las cámaras de televisión. Personas de todo el país se indignaron tanto por lo que había sucedido que protestaron en sus propias ciudades.

Martin también quedó impactado con las noticias. Se sintió culpable por no estar con los que marchaban. Entonces organizó una marcha que tendría lugar dos días después.

El 9 de marzo, Martin lideró una marcha de quinientas personas desde Selma hacia Montgomery. Pero antes, Martin les dijo que no marcharan si tenían dudas. Él tenía que asegurarse de que no pelearan cuando fueran golpeados. Mientras cruzaban un puente, los participantes en la marcha se encontraron con una barrera de patrulleros estatales. Martin vio que muchos de los participantes serían heridos, o incluso asesinados. Marchar era una cosa, pero ser asesinados era otra. Así que le dijo al grupo que se diera vuelta y regresara.

Entonces recibieron buenas noticias. Eran muy buenas. El Presidente Johnson dijo que los manifestantes tenían derecho a marchar. Prometió

enviar tropas para proteger a los manifestantes.

De repente, personas de todo el país querían participar en la marchas. La gente caminaba por valles apacibles y colinas empinadas. Caminaba a lo largo de las carreteras, y sólo se detenía a descansar un par de minutos. Sentían dolor en el cuerpo y en los pies. Pero sus corazones estaban livianos.

Cuando llegaron a Montgomery, eran una multitud de veinticinco mil personas. En el edificio del Capitolio estatal, le hicieron una petición al gobernador George Wallace, exigiéndole el derecho al voto para los negros americanos.

El 6 de agosto de 1965, el Presidente Johnson firmó la ley de derechos de votación. El presidente Johnson dijo, "Todo ciudadano americano debe tener el mismo derecho a votar. Sin embargo, la cruda realidad es que en muchos lugares de este país, muchos hombres y mujeres no pueden votar simplemente porque son negros".

Ya no habría más pruebas de alfabetismo. Y el gobierno de los Estados Unidos estaría a cargo de registrar a los votantes. ¡Los manifestantes de Selma por la libertad habían ganado!

LÍDERES DE LOS DERECHOS CIVILES QUE DIERON LA VIDA POR SU CAUSA

MEDGAR EVERS ERA DE MISSISSIPPI. DESDE MUY JOVEN CUESTIONÓ LAS LEYES JIM CROW. CUANDO ESTABA EN LA UNIVERSIDAD, ORGANIZÓ CAPÍTULOS LOCALES DE LA NAACP. DESPUÉS DE SER RECHAZADO POR LA FACULTAD DE LEYES DE LA UNIVERSIDAD DE MISSISSIPPI, LUCHÓ POR EL FIN DE LA SEGREGACIÓN EN ESTA UNIVERSIDAD. EVERS FUE ASESINADO EL 12 DE JUNIO DE 1963. TENÍA TREINTA Y SIETE AÑOS.

Medgar Evers

BYRON DE LA BECKWITH, UN HOMBRE BLANCO, FUE ACUSADO DEL ASESINATO. PERO EN AMBOS CASOS LOS MIEMBROS DEL JURADO, QUE ERAN BLANCOS, NO PUDIERON DECIDIR SI ERA CULPABLE O INOCENTE. FINALMENTE, EN UN TERCER JUICIO EN 1994—TREINTA Y UN AÑOS DESPUÉS DE LA MUERTE DE EVERS—BECKWITH FUE ENCONTRADO CULPABLE Y CONDENADO A CADENA PERPETUA.

Andrew Goodman

ANDREW GOODMAN NACIÓ EN LA CIUDAD DE NUEVA YORK. EN 1964, GOODMAN Y MICKEY SCHWERNER, ORIUNDO DE FILADELFIA, FUERON A MISSISSIPPI PARA REGISTRAR A NEGROS PARA QUE PUDIERAN VOTAR (ANDREW

GOODMAN Y MICKEY SCHWERNER ERAN BLANCOS). LOS DOS LLEGARON A MERIDIAN, MISSISSIPPI LA NOCHE DEL 20 DE JUNIO DE 1964. UN HOMBRE NEGRO LLAMADO JAMES CHANEY SE UNIÓ A ELLOS. LOS TRES TRABAJADORES POR LOS DERECHOS

Mickey Schwerner

CIVILES FUERON ARRESTADOS POR EXCESO DE

James Chaney

VELOCIDAD Y RECIBIERON ÓRDENES DE ABANDONAR LA CIUDAD. PERO LOS MIEMBROS DE UN GRUPO RACISTA Y VIOLENTO LLAMADO EL KU KLUX KLAN LOS ASESINÓ. MURIERON A UNA EDAD MUY JOVEN; GOODMAN Y CHANEY TENÍAN VEINTIÚN AÑOS, Y SCHWERNER TENÍA VEINTICINCO.

EN 1967, DIECINUEVE HOMBRES BLANCOS FUERON ARRESTADOS POR LAS MUERTES DE LOS TRES TRABAJADORES POR LOS DERECHOS CIVILES. SIETE DE ELLOS FUERON ENCONTRADOS CULPABLES. DOS HOMBRES, E. G. BARNETT, QUIEN SE ESTABA POSTULANDO PARA SHERIFF DE MERIDIAN Y EDGAR RAY KILLEN, UN MINISTRO LOCAL, FUERON DEJADOS EN LIBERTAD PORQUE EL JURADO NO PUDO LLEGAR A UNA DECISIÓN. NO FUE SINO HASTA CASI CUARENTA AÑOS DESPUÉS, EN 2005, QUE KILLEN FUE HALLADO CULPABLE DE LOS ASESINATOS.

Capítulo 10
Combatiendo la pobreza

Aunque ya tenían derecho al voto, a sentarse en cualquier parte de un autobús o de poder comer en cualquier restaurante, las personas negras seguían teniendo dificultades. Muchas no tenían trabajo. Y las que tenían uno no ganaban lo suficiente para vivir con dignidad. Vivían en casas sin calefacción y con las tuberías rotas. Muchas estaban enfermas y no tenían dinero para ir al médico.

Las personas negras estaban enojadas. Se sentían frustradas. Algunas estaban cansadas de escuchar a Martin. El cambio no estaba ocurriendo lo suficientemente rápido. Las personas que habían seguido a Malcolm X, quien fue asesinado en 1965, estaban formando grupos para transmitir su mensaje de responder con violencia a la violencia.

Surgieron grupos como las panteras negras. Éstos grupos hablaban del orgullo negro.

En agosto de 1965, un motín estalló en un barrio de Los Angeles llamado Watts. Multitudes enojadas de personas negras corrían por las calles. Lanzaban piedras y botellas. Destrozaron las vitrinas de las tiendas. Robaron. Encendieron fuegos. Muchas personas fueron heridas y asesinadas. Los motines duraron seis días. Finalmente, el Ejército de Estados Unidos llegó para detener la violencia.

LOS MOTINES DE WATTS

EL 11 DE AGOSTO DE 1965, UN HOMBRE NEGRO LLAMADO MARQUETTE FRYE FUE DETENIDO MIENTRAS CONDUCÍA POR UNA CARRETERA DE CALIFORNIA. UN OFICIAL DE POLICÍA DIJO QUE ESTABA CONDUCIENDO DE MANERA PELIGROSA.

MIENTRAS LA POLICÍA INTERROGABA A FRYE Y A SU HERMANO, UN GRUPO DE PERSONAS SE REUNIÓ. ESTABAN ENOJADAS. ALGUNAS COMENZARON A GRITAR A LOS POLICÍAS. DIJERON QUE LOS HERMANOS FRYE HABÍAN SIDO DETENIDOS SÓLO PORQUE ERAN NEGROS. ALGUNAS LES LANZARON PIEDRAS. CUANDO FRYE Y SU HERMANO FUERON

ARRESTADOS, LAS PERSONAS SE ENOJARON MÁS Y COMENZARON UN MOTÍN QUE DURÓ SEIS DÍAS. LOS HABITANTES DE WATTS SE SENTÍAN DESESPERADOS, SIN ESPERANZAS. SE SENTÍAN COMO VÍCTIMAS.

Martin entendía la frustración de la gente. Pero dijo, "Si las personas no tienen voz, tendrán berrinches como un niño pequeño a quien no se le ha prestado atención. Y los motines son berrinches masivos que tienen las personas olvidadas y sin voz".

En respuesta, uno de los revoltosos dijo a Martin, "Sabemos que un motín no es la respuesta, pero hemos sufrido durante mucho tiempo aquí y a nadie le ha importado. Ahora al menos saben que estamos aquí. Es probable que un motín no sea *el* camino, pero es *un* camino".

La raíz del problema era la pobreza. La gente estaba cansada de ser pobre. Así que Martin se concentró en el empleo, en conseguir mejores empleos. El 26 julio de 1965 lideró una marcha hacia el ayuntamiento de Chicago.

Chicago era la segunda ciudad más grande de los Estados Unidos. Más de un millón de negros vivía allí. Algunas personas llamaban a Chicago "el Birmingham del Norte". La mayoría de los negros que vivían en Chicago eran pobres. Tenían trabajos mal pagados o estaban sin empleo. Vivían en casas viejas y destartaladas. Aunque había leyes contra la segregación, los propietarios blancos de edificios no les alquilaban apartamentos a los negros.

En 1966, los King se mudaron a Chicago. Estaban acostumbrados a vivir en casas confortables. Pero Martin creía que era importante que su familia supiera cómo vivían muchos negros en los Estados Unidos. Pagaron noventa dólares al mes por un

apartamento destartalado de cuatro habitaciones. Un apartamento de cinco habitaciones en un barrio blanco y en mucho mejor estado sólo costaba ochenta dólares al mes.

Al cabo de un tiempo, los hijos de Martin comenzaron a hacer berrinches. Al comienzo, Martin no podía entender por qué. Pero luego comprendió que se estaban portando mal porque no tenían dónde jugar. No había un parque cercano donde pudieran correr y jugar. Martin comenzó a entender el significado de la pobreza extrema.

Martin lideró muchas marchas en Chicago ese verano. Aunque sus manifestantes no eran violentos, fueron recibidos con violencia. Les lanzaron ladrillos y botellas. Las personas les gritaban. Sin

embargo, ninguno de los manifestantes respondió con violencia. Martin Luther King Jr. marchó al ayuntamiento de Chicago. Fijó una lista de exigencias en la puerta del alcalde Richard J. Daley para que las leyera. Las exigencias incluían el fin de la violencia social y de la discriminación laboral y de vivienda.

El alcalde Daley no respondió y las marchas continuaron.

Jesse Jackson, un joven miembro de la SCLC, organizó una

Jesse Jackson

marcha en Cicero, un barrio de Chicago. Setenta mil personas blancas vivían allí. El alcalde Daley y la policía sabían que una marcha en ese barrio terminaría en violencia. Entonces, el alcalde le dijo a Martin Luther King Jr. que sus exigencias serían cumplidas si cancelaba la marcha.

Martin y los líderes de la SCLC aceptaron su petición de buena fe. Pero el alcalde incumplió su promesa. Nada cambió en Chicago. ¿Qué haría Martin Luther King Jr.?

Capítulo 11
La marcha continúa

Como no podía hacer que una alcaldía cooperara, Martin decidió intentar algo más grande. Él y la Southern Christian Leadership Conference organizaron otra marcha a Washington, D.C. en la primavera de 1968. El objetivo era hacer que el Congreso aprobara leyes para que las personas pobres consiguieran mejores trabajos.

Antes de la gran marcha, Martin Luther King Jr. fue a Memphis, Tennessee. Los trabajadores de la basura estaban en huelga. Martin quería ayudarles a conseguir un aumento en sus salarios.

El 28 de marzo de 1968, Martin y los manifestantes pacíficos salieron a las calles de Memphis. Una vez más, todo terminó en violencia, la cual fue causada por algunos de los manifestantes.

Algunos adolescentes robaron objetos de varias tiendas y estalló un motín. Esto iba en contra de todos los principios de Martin. Él regresó a Atlanta y no volvió a Memphis hasta el 3 de abril. Muchas personas lo amenazaron con hacerle daño. Pero Martin no estaba asustado. Esperaba ayudar a los trabajadores de la basura que estaban en huelga.

Martin se reunió al día siguiente con algunos funcionarios de la ciudad y con líderes del movimiento por los derechos civiles. Al final de esa tarde, Martin salió al balcón de su habitación en el Motel Lorraine. Hacía frío afuera, pero Martin disfrutaba del aire fresco. De repente, se oyeron disparos. Martin cayó al suelo.

Martin Luther King Jr. estaba muerto. El movimiento por los derechos civiles había perdido a su voz más importante.

JAMES EARL RAY

EL 8 DE JUNIO DE 1968, UN HOMBRE BLANCO LLAMADO JAMES EARL RAY FUE ARRESTADO POR ASESINAR A MARTIN LUTHER KING JR. JAMES EARL RAY NACIÓ EL 10 MARZO DE 1928 EN ALTON, ILLINOIS. RAY ERA UN DELINCUENTE DE POCA MONTA. ROBABA ESTACIONES DE GASOLINA Y TIENDAS. HABÍA ESTADO TRES VECES EN PRISIÓN, UNA EN ILLINOIS Y DOS EN MISSOURI.

James Earl Ray

RAY CONFESÓ DESPUÉS DE SER ARRESTADO. FUE CONDENADO A NOVENTA Y NUEVE AÑOS DE PRISIÓN. SIN EMBARGO, RAY SEÑALÓ POSTERIORMENTE QUE ERA INOCENTE PERO NO PUDO DEMOSTRARLO. MURIÓ EN PRISIÓN EN 1998.

Capítulo 12
El sueño sigue vivo

Martin Luther King Jr. fue uno de los líderes del movimiento por los derechos civiles más importantes de todos los tiempos. Hoy en día, las personas de todo el mundo aún recuerdan todo lo que hizo en favor de la igualdad.

Después de la muerte de Martin, Coretta continuó con la lucha de su esposo. Viajó alrededor del mundo y habló sobre la paz. Combatió para terminar el apartheid, un sistema de segregación en Sudáfrica. Coretta luchó por los derechos civiles hasta su muerte en 2006.

Los hijos de Martin también continuaron con el mensaje de su padre. En 1997, Martin Luther King III fue elegido como director de la SCLC, donde permaneció hasta 2004. Y Bernice, la hija menor de Martin, es una ministra. Viaja alrededor del mundo para hablar sobre los derechos civiles.

Dexter, el hijo menor de Martin, estudió en el Morehouse College. En 1997, Dexter visitó a James Earl Ray en prisión. Después de hablar con él, Dexter se convenció de que este hombre no había matado a su padre.

Yolanda, la hija mayor de Martin, fue actriz, escritora y defensora de la paz. Actuó en varias películas, incluyendo una miniserie sobre su padre llamada *King*. Murió el 16 de mayo de 2007. Tenía cincuenta y un años.

En 1980, la casa de Atlanta donde Martin vivió su infancia en la avenida Auburn, y otras edificaciones cercanas, fueron convertidas en un Sitio Histórico Nacional. Actualmente, los visitantes pueden ir al

museo y aprender sobre el papel que tuvo Martin
Luther King Jr. en el movimiento por los derechos
civiles.

Y en 1983, el presidente Ronald Reagan firmó
un proyecto de ley para crear un día festivo federal

en honor a Martin. Es observado el tercer lunes de febrero de cada año, cerca del momento de su nacimiento.

En su último sermón el 3 de abril de 1968, Martin Luther King Jr. habló sobre su muerte.

Esperaba que las personas pudieran recordarlo como un hombre que "había intentado dar su vida para servir a los demás". Quería ser recordado por ayudar a "alimentar a los hambrientos" y por amar a las personas. Cuarenta años después, la gente recuerda a Martin Luther King Jr. y lo honra por todo esto y por mucho más.

Martin Luther King Jr.

CRONOLOGÍA DE LA VIDA DE MARTIN LUTHER KING JR.

1929 — Nace en Atlanta, Georgia

1948 — Se gradúa del Morehouse College

1951 — Se gradúa de Crozer

1953 — Se casa con Coretta Scott

1954 — Asume el cargo de pastor de la Iglesia Bautista de la avenida Dexter en Montgomery, Alabama

1955-1956 — Lidera el boicot a los autobuses de Montgomery

1957 — Habla en la Peregrinación de Oración en Washington, D.C. y pide al gobierno que apruebe un proyecto de ley de derechos civiles

1960 — Se muda a Atlanta, Georgia con su familia; es arrestado en esta ciudad durante una "sentada" en un comedor sólo para blancos

1963 — Lidera un boicot a los negocios propiedad de blancos en Birmingham, Alabama. Pronuncia su discurso "Yo tengo un sueño" durante una concentración en Washington, D.C.

1964 — Recibe el Premio Nobel de la paz

1965 — Lidera una marcha pacífica desde Selma hacia Montgomery, Alabama, exigiendo el derecho al voto para los negros americanos

1968 — Es asesinado en Memphis, Tennessee

CRONOLOGÍA DEL MUNDO

Nace Ana Frank, la niña que murió en el Holocausto	1929
Babe Ruth batea su jonrón número quinientos	
Franklin D. Roosevelt es elegido presidente de los Estados Unidos	1932
Adolfo Hitler se proclama líder de Alemania	1934
Wheaties incluye imágenes de deportistas en sus cajas de cereal	
Los japoneses atacan Pearl Harbor en Hawai y los Estados Unidos entran a la Segunda Guerra Mundial	1941
Se publica el primer libro de Archie	1942
Termina la Segunda Guerra Mundial	1945
Jackie Robinson se une a los Dodgers de Brooklyn; es el primer afroamericano en jugar en un equipo de las grandes ligas de béisbol en tiempos modernos	1947
El primer juguete Mr. Potato Head sale a la venta	1952
Rosa Parks se niega a ceder su asiento en un autobús de Montgomery, Alabama	1955
Elvis Presley graba su canción "Heartbreak Hotel"	1956
John F. Kennedy es elegido presidente	1960
Se construye el muro de Berlín, que divide a la ciudad en occidente (democrático) y oriente (comunista)	1961
El Presidente John F. Kennedy es asesinado	1963
Se publica el libro *Charlie y la fábrica de chocolates*, del escritor Roald Dahl	1964
El Presidente Johnson envía más tropas a Vietnam	1965

Bibliografía

Adler, David A. **Dr. Martin Luther King, Jr.** Holiday House, New York, 2003.

Brown, Jonatha A. **People We Should Know: Martin Luther King Jr.** Weekly Reader Early Learning Library, Wisconsin, 2005.

Carson, Clayborne, editor. **The Autobiography of Martin Luther King, Jr.** Warner Books, New York, 1998.

de Kay, James T. **Meet Martin Luther King, Jr.** Random House, New York, 1969.

Myers, Walter Dean. **I've Seen the Promised Land: The Life of Dr. Martin Luther King, Jr.** HarperCollins, New York, 2004.

Peck, Ira. **The Life and Words of Martin Luther King Jr.** Scholastic, Inc., New York, 1991.

Rappaport, Doreen. **Martin's Big Words: The Life of Dr. Martin Luther King, Jr.** Jump at the Sun / Hyperion, New York, 2001.